No vazio da mente

No vazio da mente

FELIPE VALENTIM

Copyright © 2021 by Editora Letramento
Copyright © 2021 by Felipe Valentim

Diretor Editorial | Gustavo Abreu
Diretor Administrativo | Júnior Gaudereto
Diretor Financeiro | Cláudio Macedo
Logística | Vinícius Santiago
Comunicação e Marketing | Giulia Staar
Assistente Editorial | Matteos Moreno e Sarah Júlia Guerra
Designer Editorial | Gustavo Zeferino e Luís Otávio Ferreira
Capa | Fabio Brust
Revisão | Daniel Rodrigues Aurélio
Diagramação | Isabela Brandão

Todos os direitos reservados.
Não é permitida a reprodução desta obra sem
aprovação do Grupo Editorial Letramento.

Dados Internacionais de Catalogação na Publicação (CIP) de acordo com ISBD

V155n	Valentim, Felipe
	No Vazio da Mente / Felipe Valentim. - Belo Horizonte, MG : Letramento ; Temporada, 2021.
	72 p. ; 14cm x 21cm.
	ISBN: 978-65-5932-050-9
	1. Literatura brasileira. 2. Poesia. 3. Nostalgia. 4. Melancólico,. 5. Confinamento. 6. Romântico. 7. Contemporâneo. 8. Jovem. 9. Jovem adulto. 10. Poemas. I. Título.
2021-2221	CDD 869.1
	CDU 821.134.3(81)-1

Elaborado por Vagner Rodolfo da Silva - CRB-8/9410

Índice para catálogo sistemático:
1. Literatura brasileira : Poesia 869.1
2. Literatura brasileira : Poesia 821.134.3(81)-1

Belo Horizonte - MG
Rua Magnólia, 1086
Bairro Caiçara
CEP 30770-020
Fone 31 3327-5771
contato@editoraletramento.com.br
editoraletramento.com.br
casadodireito.com

Grupo Editorial
LETRAMENTO

TEMPORADA

Temporada é o selo de novos autores do
Grupo Editorial Letramento

Parte I
Outros amores

01

Nossos caminhos se cruzaram de novo
E eu continuo ouvindo suas histórias com atenção.
Na mesma pista da mesma estrada,
Eu me viciei em tudo o que você me contou.

Você conta todo tipo de conto, causo e consequência,
Histórias meio sórdidas, ainda assim adoráveis.
Nenhuma delas é sobre contar vantagem,
Elas não têm brilho nem dinheiro.
São escolhas ruins e corações quebrados,
Promessas quebradas e vozes silenciadas,
Todas as maldições e pecados.
Muitas histórias são reais,
Muitas delas somos nós.

Estamos longe da felicidade
E a quilômetros da perfeição,
Mas a vida nos coloca na mesma direção.
Caminhos cruzados,
Rodovias escuras,
Eu me viciei em ter você para adorar.

02

Sonhei que pintava um quadro – vi brancos e beges no pincel que beijava a tela.

O contorno das nossas mãos entrelaçadas ganhava cor.

Nossos corpos tinham traços tão vívidos que eu pude sentir o calor dos nossos rostos colados.

De frente para a tela fechei meus olhos e senti suas costas contra meu peito, o seu perfume me contagiando enquanto minha pele aquecia. Seu sorriso entre lábios rosados me dominava.

Acordei entorpecido, sedento. Minha única vontade é tornar real aquela tela, nos tornarmos pintura, você e eu, juntos, sentir o calor de dois corpos que cresce em um só.

03

Antes de você falar comigo não havia nada,
Mas foi só abrir a boca e me olhar sem vergonha
Que tudo agora em minha mente gira em torno de você.
É até bom que isso tenha acontecido,
O Sol da minha mente era outra pessoa.
Meu mundo girou em torno dela há tanto tempo
Que essa estrela é quase buraco negro.
Agora vou ser atraído por outra gravidade
Até eu aprender a não depender de astro nenhum.

04

Eu te vejo encarando o branco da parede, tão concentrado como se só seu corpo estivesse aqui, uma casca vazia sem consciência. Nesses períodos de ausência, suponho, você viaja no passado sem defeitos e em um futuro longe daqui.

O presente é uma aberração.

Na presença do seu corpo eu me vejo no reflexo dos seus olhos vazios, íris pretas sem brilho, e eu me imagino tão distante daqui quanto você de mim.

Estou na sua mente tanto quanto você está na minha.

05

Vim só para te ver.
Uma longa jornada
De minutos e horas,
Metros e quilômetros,
Anseios e receios
Atravessados na estrada.
Eu tinha algo novo para mostrar, mas você não estava lá.

06

Ela é tão sublime.
É um Sol de um céu de verão.
Deslizando o pincel na tela ela cria a própria realidade,
Mímica da vida nas mais variadas tintas.
Ela contorna calculadamente os traços de um deus grego,
Algumas vezes o autorretrato de uma Vênus.
Apesar do apreço que tenho agora,
Agradeço por não ser dela,
Pois eu seria sua caixa de Pandora.

07

Faz mais de um ano que estou preso nessa situação.
Preso nessa paixão que treme e oscila,
Sobe e desce como uma montanha russa,
Como os gráficos de batimentos cardíacos.
Registra altos e baixos.
Some e aparece.
Queria ele. Quero ele. Desejo.
Mas a mim ele não pertence. Ele é de outro, é livre, é dele mesmo.
Não que eu não fique triste desejando que ele fosse meu.
Não meu, como se fosse posse.
Meu, como se fosse comigo.

08

Estive em um sonho estranho, mas muito interessante.
Digo "estive" ao invés de "tive" pois pretendo voltar.
Caí de bicicleta na sua calçada. Ou talvez de um avião,
Os detalhes são nublados.
E você – sendo você – veio me ajudar.
Eu tinha só uns arranhões e você cuidou de mim.
Pediu para eu entrar e me lavar.
Quando me olhei no espelho eu era você, mais jovem e inocente.
Mesmo não sendo eu, você cuidou de mim.
Nos apaixonamos em poucos segundos.
Eu por você e você por si mesmo.
E eu quero voltar para esse sonho
Ser você por um instante e ter o privilégio de te ter.

09

Erga a mão
Quem foi amante sem paixão,
Quem já amou sem ser amante,
Quem se divertiu em traição,
Quem riu do perigo do amor desviante,
Do amor não tradicional.
Diga agora
Se valeu a pena.

Alguns dirão que sim,
Outros mentirão,
Alguns hesitarão
E uns nem vão se dar ao trabalho de responder
Que vale a pena ser desviante,
Anômalo,
Em um mundo tão cristão.

10

Há uma coisa que eu quero fazer – só isso e nada mais:
Andar à beira do lago, beijar e segurar as mãos,
Ficar sem chão o dia inteiro.
Seria bom largar o passado e jogar tudo para o alto.
Dar as costas ao ingrato e viver sem gravidade, olhar apenas em frente. Viver a dois, a três, o que seja, sem as ruínas do passado ainda desabando sobre mim.
Seria tão bom se fosse fácil
Andar à beira do lago, beijar e segurar as mãos,
Ficar sem chão o dia inteiro,
Largar o passado e jogar tudo para o alto.

11

Fiz tantos planos,
Fiz tantos versos,
Pus no papel o meu coração
E gritei para o universo
Todo o amor que tinha.
Mas não estava nas entrelinhas
Que meu amor não dura
Mais do que uma estação.

12

Esse negócio de amar é muito relativo.
Não tem ninguém à minha altura
E não estou à altura de ninguém.
E se estivesse também, eu faria nada
Pois me persegue a ideia
De que não tem ninguém à minha altura
E não estou à altura de ninguém.
Uma ideia narcisista com um pouco de autopiedade,
Essa verdade mentirosa imposta sobre mim,
Que eu aceitei sem questionar.

13

É como fogo no barro, um sentimento bizarro, o amor que me aquece – que emerge do seio da Terra como se sempre estivesse ali.

É moldado por mãos humanas em diferentes formas e conteúdos. É aquecido pelo fogo, arde e endurece, esfria e entristece.

Como cerâmica,

Tem várias formas, se molda e transforma,

Esfria e se dispersa em cacos no chão

Deixando um vazio.

14

Não espere viver um romance de um romance já escrito.

Os romances da ficção tecem ilusões infinitas e mentiras fabricadas.

Quem dera fossem verdade e quem dera pudéssemos tentar –

Encaixar nossa vida em três atos e antecipar nosso final.

Não há estrutura rígida na realidade nem roteiro a ser seguido, algumas histórias são interrompidas antes do clímax.

15

Você age como se soubesse tudo,
Como se não se importasse com nada.
Mas lá no fundo, eu sei, sua pose é uma encenação.
Você se mostra como um quebra-cabeça
Mas eu consigo resolvê-lo,
Você vive em uma bolha,
Mas eu posso estourá-la.
Você chora por aceitação, não é nada novo,
Mas só por um instante me mostre seu verdadeiro eu.
Não finja risos e passos para agradar aos outros.
Como isso não te enlouquece?
É tão difícil aceitar,
Você mal agrada a si mesmo.

16

Você não quer ficar porque eles vão de rir de você.
Eles farão isso de qualquer jeito,
Não importa o que você faça.
E não importa o que eles digam
Nem o quanto eu te conforte,
Essas palavras vão te machucar todos os dias
Como uma ferida que nunca cicatriza.

17

Não é errado uma pessoa tão jovem dizer que sente falta dos bons e velhos tempos?

Como alguém tão novo pode estar em tamanha desgraça?

Eu sinto saudades do tempo quando eu podia falar sobre qualquer coisa com você

Nossos livros e filmes

Nossas famílias e amigos

Nossos amores e sexos

Nossas viagens em feriados.

Sempre que precisava de uma pausa

Você estava lá por mim e eu por você.

Nós éramos melhores amigos por muito tempo.

Eu quero entender o que aconteceu,

Como quatro estações quebraram nossa harmonia,

Um ano separados e somos totalmente estranhos.

Sim, eu sinto falta dos bons e velhos tempos.

Parte II
A última brisa fresca

18

Acendeu-se devagar,
Um fogo brando, branco,
Lançando uma sombra tímida nas paredes.
E de noite em noite, de dia em dia,
Ganhou força até virar labaredas altas
Lambendo os céus.
Do nada sumiu: virou só uma faísca.
O que era aquele fogo eu não sei.
Só sei que quero que essa chama
Se reacenda outra vez.

19

O passeio perfeito é aquele mais inusitado que surge no calor do momento.

Aquele feito sem planos onde o instinto nos leva e a natureza fala por si só.

Ir de encontro ao desconhecido, tendo como guia apenas o instinto.

Percorrer um caminho perigoso, sem saber o que me aguarda, nu e desarmado.

Só eu e as árvores, o chão e o incerto, descobrindo as belezas pelo acaso.

20

Meu raio de Sol fugiu pela janela.
Corri atrás, desesperado,
Gritando "por favor me espera!"
Mas não tinha jeito nem esperança
Daquele raio de Sol voltar para mim.
Esse raio tinha luz demais para eu apreciá-lo sem me cegar.

21

Logo após o meio-dia
As nuvens se amontoam
A luz escapa o céu
Virando só memória.
O vento sopra frio
Bruto como tornado
Varrendo terra e grama
Bicho, homem e casa
Passado mais presente.
Há nada para ver
Nem pedra sobre pedra.
Só restou fundação.
Fundações rasas não,
Essas foram varridas,
As que sobraram foram
Feitas fundas no solo.
Quando a chuva passou
Vi o pouco que restou.
Eu perdi o que era raso.
A natureza e o tempo
Os varreram por mim.

22

É fascinante observar as aves
Pequenas e grandes,
Seja predador ou presa.
Observar os pardais no quintal caçando migalha de pão
Traz a imagem de simplicidade reconfortante.
Até desviar dos pombos preguiçosos na calçada faz um sorriso no rosto.
Lembrar do rosa-choque dos flamingos me hipnotiza
O olhar frio do carcará impõe respeito
E o bater de asas do urubu-rei me deixa boquiaberto,
faz chacoalhar as árvores com um estrondo no ar.
Na monotonia da vida caseira
Onde a casa se faz refúgio e prisão
Vejo a alegria na simplicidade dos pardais
Aglomerados na fiação
Fazendo ninhos
Voando em nuvens pelo céu.

23

Hoje o dia entardeceu diferente.
A sombra das árvores e dos prédios dominaram o chão mais cedo.
Cresceram até se fundir – precipitou, molhou tudo.
O vento rugia nas ruas, fazendo as árvores dançarem. Da janela para fora o mundo era secreto, escondido na névoa, sem previsão para se revelar.
Tentei viver aquele dia como se fossem outros dias. Impossível.
A chuva não me alcançou. Eu estava seco, a salvo no meu refúgio de concreto. A névoa não me camuflou. Ainda assim faltava calor ali dentro.

24

Quando chove, eu olho a chuva pela janela com medo de ser a última vez.

Gravo na memória o horizonte chuviscado, a paisagem borrada e o frescor frio da água que cai.

As árvores que se curvam com o vento e que deixam suas folhas rodopiarem.

Os passarinhos que se abrigam onde podem e seus ninhos que se desfazem.

Os guarda-chuvas tortos e seus donos que lutam contra o vento invisível.

As crianças pequenas e grandes que se banham na rua.

As estrelas já foram apagadas há muito tempo e não quero que apaguem essa chuva também.

25

Olhe bem ao seu redor e eternize na mente:
Como é ser a última geração a ver o verde das árvores,
A sentir a brisa fresca contra a pele,
A respirar o aroma de terra molhada no trepidar da chuva.
Preste atenção no sabor do chocolate, no toque alheio,
Nos momentos de sorriso fácil.
Grave cada segundo, pois um dia essa vida vira só memória.

26

Eu vejo
Os rios,
As nuvens,
As árvores,
A cidade vizinha,
A planície sem fim
E a névoa da manhã
Tremulando no horizonte.
Eu imagino
A luz distante das estrelas,
A poeira dançante das estradas,
O canto incessante dos pássaros,
As carcaças de animais no asfalto.
Eu penso:
Quero que meu corpo vire cinzas
E eu possa integrar esse sistema.

Parte III
Incertezas e esperanças

27

É difícil dizer assim, frente a frente,
expor o que sente sem parecer um discurso decorado.
Antes mesmo de concluir o raciocínio,
antes mesmo da primeira frase,
o calor do peito já fala por si só.
Talvez o rubor no meu rosto esteja presente só para mim,
bem como o tremor das minhas mãos.
Um riso escapa aproveitando uma descontração e é reprimido de imediato.
Não de forma dura, mas substituído por um sorriso tímido e comprimido.
Os olhos buscam um olhar parceiro,
Mas assim que o encontra fita o chão envergonhado.
A oscilação da voz, trêmula,
É tão óbvia para quem fala,
Mas às vezes ela passa despercebida aos ouvidos de um terceiro.
Aqueles ao redor podem não notar todos os sinais que o corpo dá,
Mas aqui dentro elas são o centro das atenções.
Certas emoções não têm como ignorar.

28

Foi tão intenso.

Uma lágrima apareceu sem ser convidada. Apesar de penetra foi bem-vinda.

Materializou o que as palavras eram escassas para descrever.

O medo e o descontrole foram esmagados, cedendo lugar a um novo tempo.

Novos amigos. Novos conhecimentos. Novos caminhos.

Tão desconhecidos quanto o nosso interior.

29

Nessa casa trancada, nesse quarto trancado, tem uma pessoa querendo sair. Além de portas, fechou a cabeça.
Uma pessoa que não se lembra como chegou naquela situação. Simplesmente aconteceu.
Quando percebeu seu lugar isolado do mundo, quis sair. E para sair de tantas barreiras, é um processo custoso, lento e doloroso.
Mas quando as portas se abrem novamente, tudo isso vira memória. A experiência vira semente de um futuro esperançoso. Um futuro de portas abertas.

30

Houve um tempo em que meu mundo era escuro. Um cômodo fechado era minha casa e eu vedava na janela qualquer fresta de luz.

Certa vez, senti saudade do dia. Mas eu estava há tanto tempo na escuridão que a luz me aterrorizava. Era nada mais que um clarão ardente e um calor que queimava a pele.

Depois de muita coragem, abri a janela. Devagar. Um pouco de cada vez. A luz do dia voltou a iluminar tudo ao meu redor.

Em seguida, quis voltar ao escuro de imediato.

Eu via tudo e tudo me via. Pensei em fechar a janela e voltar para o mundo de antes. Voltar para quando a poeira do quarto não dançava na luz para todos verem, quando meu corpo era privado e minhas expressões eram segredo.

31

Onde está aquela criança que sonhava com donzelas?
Que colocava toda sua alegria no papel, lápis e giz de cera,
Vivendo uma ilusão de castelos, palácios e mansões.
Com todos os seus sentimentos presos em outras dimensões
Você construiu uma casa para si, um lugar para chorar.
Está sempre à beira do colapso,
Mas você ainda a chama de lar.

32

O quão mais fácil seria viver
Sabendo o que existe além da nossa existência,
O que habita entre outros planos, outros mundos.
Descobrir se o peso do meu pecado é universal
Ou é uma preocupação desproporcional.
Quero arrancar meu coração e o pôr na balança
Como faziam aos deuses antigos do Egito
E descobrir logo se faço o bem ou não.

33

Quem dera eu pudesse vislumbrar agora o futuro.
Fosse em um lance de dados de cassino,
Em uma tiragem de cartas de uma taróloga,
Em um lance de moeda com a sorte lançada ao alto,
Em uma leitura de runas dos deuses pagãos.
Eu me arriscaria até mesmo na leitura das folhas de chá,
Qualquer coisa, digna ou não.
Eu faria tudo para cessar no peito esse aperto que esmaga o coração.

34

O passado é tão doce.
Talvez porque seja cristalizado e imutável.
Diferente do presente onde nossas ações escrevem nosso futuro,
No passado não há mais espaço para erros.
Seria bom viajar para tempos já escritos?
Talvez anos atrás para ver a si mesmo.
Qual seria a sensação?
Choque, primeiro.
Depois tristeza.
Ou quem sabe pena.
A imagem do patético diante dos olhos.
Logo o passado se torna azedo quando revirado.
É melhor deixá-lo intocável na memória.

35

Houve dias em que eu sonhava ser rei.
Governar em um castelo, altivo, sentado em um trono adornado
De onde a palavra de monarca seria lei.
Mas ouvir as notícias dos reis desgastam a mente e sujam a alma,
Que agora penso "Deus me livre ser rei".
Poderia sonhar em ser camponês,
Não fosse o camponês tão sofrido,
Então um dia sonho em ser nada.

36

Desperte seus sentidos,
Dance ao som dos violinos
Cortando o ar.
O doce canto do piano aquece o salão.
Os instrumentos se revezam em gritos agudos
Para logo voltar ao seu suave habitual.
É um salão de Velho Oeste
Sem lei nem moral
No regime da brutalidade.
A música camufla todos os crimes
E ninguém quer interromper a melodia.

37

Entre nós
Há um impostor
Que se camufla em diversas cores.
Está sempre conosco
Rindo e chorando
Amando e odiando
Consertando e quebrando.
Tão síncrono
Rítmico
Coordenado com nossas ações.
Seu coração bate com o nosso
E é difícil pensar como ele pode ser ruim.
Às vezes penso ser eu um impostor
Quando choro, odeio e quebro
Enquanto todos se divertem.
Esse impostor é tão bom
Que faz o bem parecer pecado
E o mal parecer sagrado.

38

Toda a experiência que tive aqui foi horrível,
Seca, dolorosa, espinhosa, insuportável.
Desconfiança, exploração, abuso, traição,
Amigo entregando amigo.
A constante inferiorização do meu ser.
Passei cada minuto desejando o fim disso tudo.
O meu fim.

Agora que estou distante me chovem elogios,
Me homenageiam e jogam flores.
Não me elogie
Não me ame
Não mencione meu nome.
Deixe-me viver no seu passado,
Numa foto guardada,
Em algum registro,
Nos arquivos de algum computador.
Só me deixem ir embora,
Trilhar outro objetivo
Que não o caminho deturpado de vocês.

39

Segure seus pensamentos por um segundo,
Contenha-se no não pensamento.
É mais difícil do que parece,
Mergulhar no vazio da mente,
Há um limbo negro dentro de nós mesmos.
Um abismo infinito de extremidades conectadas
Onde logo se entra e logo se sai, nunca o mesmo como se entrou.
Agora liberte seus pensamentos e desejos.
Volte a pensar como uma represa que se rompe e inunda o mundo.

Parte IV
Papelada que me mata

40

Assim que acaba o dever do dia
E a luz do dia vai embora
Vem o cansaço do corpo
Com o balanço da mente
E o resultado de sempre
É que eu deixei a desejar.

41

Um passeio noturno pela cidade – sem medo da violência urbana – o frio da noite tocando os braços, a respiração pesando a cada passo. O vento corta o peito através das roupas. Há somente o barulho dos meus passos. Às vezes um carro distante.

As luzes dos prédios oscilam ao meu redor, retângulos de concreto, todos iguais, uma mancha cinzenta bruta na paisagem. Continuo caminhando sem rumo. Sem futuro. Aonde estava a vida naquela cidade?

Continuei a jornada sem destino, ouvindo o som dos meus passos e nada além do som dos meus passos...

42

Eu achava que estava sozinho em um barco afundando – mas ainda bem que pus minha dor para fora do peito e escancarei meus sentimentos. Agora vejo que não sou o único à deriva, longe de ser um náufrago solitário.

Conforme a água inunda o barco todos nós confraternizamos. Uma reunião agridoce, talvez a última das nossas vidas. Todos desabafamos, e meu Deus, somos todos tão parecidos.

Há botes o suficiente para todos, acho. Talvez alguém precise lutar para a última vaga, mas é certo que não será eu.

O convés se amontoa. Entro no bote e de lá para o mar, agora sem temer as águas. Nem todos vão ter a mesma sorte. Uma vaga faltando era um palpite generoso, uma esperança. Somos náufragos à deriva e essa é nossa única semelhança.

43

Não se distraia com o obituário, o que morreu é passado.

Que se pode fazer? Olhe para a frente e trabalhe, sei lá o que você faz oito horas por dia. Só produza como nos outros dias. Os mortos te distraem. Não se distraia. Produza. Não importa o quê.

Você pode fazer isso por mim? Não me chame de insensível, por favor, que ofensivo. Não tenho culpa se não te conheço direito. Tampouco me interessa, na verdade. O que me interessa é sua força.

Mas não se sinta especial, está bem? Tenho outros na fila aguardando para te substituir.

44

Quero extravasar meu ódio.

Quebrar tudo, minha cara e de mais alguém, mas tem um contrato me impedindo. Que vida ridícula, onde um papel é mais forte do que eu.

Então anoto tudo, cada detalhe que me irrita e machuca. As anotações se amontoam, dia após a dia, enchem páginas e páginas, cada gota de tinta da caneta carregada em amargura.

Tem dias que parece tudo tão fútil, uma rebeldia sem causa, problema inventado de primeiro mundo. Mas é só dar um passo pra trás e ver a situação de longe que o quebra-cabeça se encaixa sozinho.

O tempo passa.

O contrato em contagem regressiva.

Até lá eu sigo anotando.

45

Do meu quarto ouço o varrer de folhas na rua
Feita por uma pessoa solitária.

Ela varre sozinha em uma rua deserta, em um bairro vazio,
Na borda de uma cidade cheia.

Em outros cantos da borda e em pedaços do meio
Há outros solitários varrendo calçadas,
Recolhendo lixo ou movendo caçambas.

Eles querem quebrar a solidão
E quem assiste de dentro de casa deseja a mesma coisa.

Mas a solidão urbana nunca se quebra.

Ela triunfa em todo lugar,
Companheira fiel da cidade.

46

Hoje é o dia em que me liberto.

Vou tirar essas algemas,

Quebrar a corrente que prende meus pés

E vou andar livre por aí, finalmente.

Vou correr e só parar quando desabar de exaustão

Para compensar todo esse tempo preso.

Vou fazer um banquete de duas noites.

Comprar roupa nova.

Quando me libertar eu vou ter que falar algo para meus guardas...

Será que peço desculpas pelo incômodo? Ou eu fui um bom preso?

Eles vão ficar tão tristes. A gente era quase família.

Isso vai ser tão difícil. Tenho que planejar melhor o que dizer.

É amanhã que me liberto.

47

O ano nasce e quinze dias depois ele já não é mais bebê.
Mais quinze dias e o ano anda de skate pelo parque.
Um mês depois ele está estagiando em alguma empresa.
A barba cresceu e logo se agrisalha, a coluna se curva junto.
O ano envelheceu tão rápido.
Ainda há nove meses pela frente, mas parece que não há tempo o suficiente.
As mudanças que eu tinha planejado deveriam ser feitas assim que o ano nasceu.
Mas agora, com ele tão velhinho, perdi todo o tesão de agir.
Vou esperar nascer o próximo ano. Esse já está com o pé na cova.

Parte V
Abismos infinitos

48

Não sobrou nada para resgatar após o incêndio. As cinzas cobriam o chão e o ar, entravam no pulmão e intoxicavam; andar era cegante e escorregadio.

As paredes que restaram desmoronavam aos poucos. Nada mais restava além de cinza, concreto e poeira. Tudo queimou e morreu.

A vontade de reconstruir. O desejo de continuar.

Por que não queimei nas chamas também quando tive a oportunidade?

49

Como fazer para esquecer uma memória queimada na pele?
Uma marca herdada, no sangue e no corpo e na alma?
Uma ferida aberta, que nunca se fecha e sangra sem parar. Que consome a carne do meu peito e um dia há de virar só carcaça.
Esse dia talvez seja de comemoração; brindar a dor que cessa e que se tornará só memória.
Até lá, a dor segue queimando, corroendo até o último nervo.

50

Existe um ciclo girando de noite a noite sem parar.

Isso me deixa esperando por um ponto final feito forte no papel,

Um traço claro que separe o passado do presente.

Um contrato eterno e oficial entre o mundo e eu e quem mais existir,

Que encerre esse ciclo desgraçado que me faz chorar.

51

Meu corpo anda entorpecido.

Imerso em um vazio invisível e abstrato de sentido.

Faltam peças vitais para girar as engrenagens de um corpo inativo. Um corpo que o tempo enferrujou como uma máquina, e agora permanece guardado e esquecido feito um produto danificado.

Na ausência de cura, deito e me entrego,

No escuro e no nada, caindo nesse

Abismo que suga a alma, pouco a pouco,

Borda adentro.

Rodopiando,

Caindo,

Flutuando em um poço sem fim.

Nesse período interminável, quem sabe, eu busque as peças que me faltam – e as engrenagens voltem a girar como antes.

52

Houve sombras na janela
Escuras e sobrepostas
Em um dia de primavera
Quando o Sol brilhava forte.

Sem obstáculos em frente,
Sem montanha e nem árvore,
Sem ter concreto nem gente,
As sombras pairavam firme.

Sombras de medo, talvez,
Oriundas do meu corpo
Ou de fantasmas também,
De todos os meus encostos.

Houve sombras na janela
Quando quis deixar o mundo.
Foram as sombras somente
A me dizerem adeus.

53

Não havia mais palavras para se escrever.
Não sentia mais amor para seguir um sonho.
Parece que a alegria escapou todo o meu ser
E me deixou vazio, amargurado e estranho.

Tive a energia sugada do dia ao anoitecer,
Durante o trabalho, estudos e até sonhos,
Por cobranças sem fim, do que tenho que ser.

Nunca soube a causa deste meu padecer,
Como nunca soube o meu real tamanho.
Eu soube apenas que não queria morrer
Como uma ovelha desgarrada do rebanho.

Sempre resta uma esperança de salvação,
Externa, amiga, de uma mão estendida,
De que um dia tudo isso não terá sido em vão.

Que venha a mim por uma amizade garrida,
Que me leve ao êxtase e me tire do chão
E diga que minha vida não foi perdida.

54

Há um vazio que consome a alma e que come de dentro para fora.
Eu me abandono, em agonia, na solidão crescente que aumenta em escala geométrica.
Um abismo abaixo do penhasco, tão atraente e convidativo.
Já me posiciono à beirada, deitado, ansioso para cair, esperando que desabe, aguardando a queda livre até o fim.
Posso ficar imóvel. Posso fugir. Mas a conclusão é a mesma.
Não há ninguém a salvo desse buraco negro em expansão.

55

Só me preocupo com aquilo que me falta, e eu sei que é errado.
Deveria me preocupar muito antes.
Deveria me preocupar com o tempo quando ele ainda era abundante.
Deveria me preocupar comigo quando eu ainda era inteiro.
Eu me omiti por tanto tempo que hoje me cabe apenas a preocupação com os pedaços – o todo se foi há muito tempo.

56

Desde quando a luz sumiu dos meus dias não houve festa, conversa ou cantoria. Céu nublado de noite e de dia, sem estrela nem Lua para servir de guia.

Preso comigo mesmo entre quatro paredes, nem uma alma amiga para silenciar minha cabeça. Tento saber o que desejo, mas é tudo tão nublado.

Tenho pressa.

Pressa de viver,

Pressa de morrer,

Amar, correr, fugir.

De fazer tudo e não ser nada. Se houvesse alguém aqui, para silenciar essa confusão e dizer que está tudo bem, os meus dias voltariam a ver paz.

57

O que acontece quando nosso corpo se encerra?

Se eu pudesse observar, não hesitaria um instante.

Tornar-me metafísico e integrar outra dimensão. Observar este planeta só de alma e não de corpo. Ver, analisar, deduzir e por fim descobrir as matérias desconhecidas que regem o universo. Desbravar todas as camadas da existência e o que se esconde além. Todas as leis da física e os elementos acima da lei.

Quais universos se colidem com o nosso?

Se eu pudesse viajar dessa forma, transitando por entre as camadas da realidade, viveria assim para sempre. Ficar pálido, frio e distante feito nosso pálido ponto azul.

58

Eu sonhei que sonhava, acordado.

Há tanto tempo sem dormir, meu maior sonho era sonhar – dessa vez deitado, desacordado, um sonho de verdade.

Ainda sonho.

Não aguento mais ficar acordado, vivendo aprisionado em um dia sem fim, essas horas que duram anos. Eu só sonho o sonho do fim do dia – aquele sonho que ninguém sabe se um dia vai acordar depois, aquele sonho que alguns creem ser eterno.

59

No fim da tarde me veio essa vontade
De correr pelas ruas e ir de encontro ao céu.
Encarar de vez a morte invisível,
Abraça-la, beijá-la, amá-la,
Dar-lhe as mãos e ir embora.
Eu sei que vai doer, mas quero vê-la logo,
Pois paira uma inevitabilidade no ar
De que cedo ou tarde essa dor chega para todos.

60

A felicidade não é uma constante no universo.
É um verso do poema, uma palavra da prosa.
Sua busca é um dilema e a verdade dura,
Odiosa – ou melhor, desalentadora:
Ela vem e passa, tentadora,
Sem hora para voltar.

editoraletramento
editoraletramento
grupoletramento

editoraletramento.com.br
company/grupoeditorialletramento
contato@editoraletramento.com.br

casadodireito.com
casadodireitoed
casadodireito

Grupo Editorial
LETRAMENTO